AF497846

REFLEXIONS

SUR LE

PLAIDOYÉ

DE M. TALON

AVOCAT GENERAL

AU PARLEMENT DE

PARIS,

Touchant la Bulle de N. S.
Pere le Pape

INNOCENT XI.

*Contre les Franchises des Quartiers
de Rome.*

A COLOGNE,

Chez Pierre Marteau, 1688.

REFLEXIONS

SUR LE
PLAIDOYE'
DE
M. TALON,

AVOCAT GENERAL AU PARLEMENT
DE PARIS,

TOUCHANT

La Bulle de N. S. P. le Pape INNOCENT XI.
CONTRE
Les Franchises des Quartiers de Rome.

PLAIDOYE'.

ENtre les entreprises que la Cour de Rome a faites en diverses occasions, pour donner atteinte aux libertez de l'Eglise Gallicane, aux droits & aux preéminences de la Couronne; on ne remarque rien dans l'hi-

 stoire

*stoire des siecles passez de semblable à
ce qui s'est fait à la fin du mois de Decembre dernier, & qui semble n'estre
qu'une suite du dessein que le Pape a
conçu depuis plusieurs années, de se declarer ennemi de la France.*

I. REFLEXION.

A entendre parler ainsi M. Talon
on pourroit penser qu'il n'a jamais lû
l'histoire de France, ou qu'il a oublié ce qui s'est passé entre les Papes
& nos Rois. Car les Historiens même de France remarquent que les Papes Gregoire V. Urbain II. Celestin
III. Boniface VIII. Jule II. Sixte V.
Gregoire XIV. & Clement VIII. les
ont excommuniez, ou ont mis leur
Royaume en Interdit.

II. REFLEXION.

Comment ce qui s'est fait à la fin
du

du mois de Decembre dernier, c'eſt-à-dire, l'Interdit de l'Egliſe de ſaint Loüis à Rome, peut-il ſembler n'eſtre qu'une ſuite du deſſein que le Pape a conçû depuis pluſieurs années de ſe declarer ennemi de la France? Car tout le monde ſçait que cet Interdit n'a eſté qu'une ſuite du deſſein que le Pape a couçû depuis pluſieurs années d'apporter un remede efficace aux deſordres de la Ville de Rome; & que Sa Sainteté voyant qu'elle ne pouvoit reüſſir dans un ſi loüable deſſein, tandis que les quartiers des Ambaſſadeurs ſeroient l'azile de tous les meurtriers, voleurs, & autres gens de cette ſorte ; elle a pris reſolution d'abolir la Franchiſe de ces quartiers par une Bulle, dont l'infraction a eſté la cauſe que l'Egliſe de ſaint Loüis a eſté interdite.

Deplus, à qui peut-il ſembler que le Pape ait donné cette Bulle, & mis cette Egliſe en Interdit, pour ſe declarer

A 3

en-

ennemi de la France : puis qu'il est
d'une evidence publique que c'est à
tous les Ambassadeurs, & non seulement à celui de France, que le Pape ne
veut plus accorder la Franchise de
leurs quartiers. Que si l'Eglise de saint
Loüis est seule qui ait esté frappé du
foudre du Vatican ; c'est que l'Ambassadeur de France est seul qui n'ait
pas voulu se soûmettre aux volontez
du Pape ; & qui ait entrepris de main-
tenir la liberté ou la franchise de son
quartier, malgré toutes les Bulles de
Sa Sainteté.

III. REFLEXION.

Y eut-il jamais rien de moins fon-
dé, que de dire que le Pape ait conçu
depuis plusieurs années le dessein de
se declarer ennemi de la France : lui,
qui a dissimulé durant tant d'années
des scandales enormes & publics, qui
se sont vûs à la Cour de France : lui,
qui

qui s'est contenté d'avertir avec une tendresse de pere le Roy, des entreprises qu'on lui a inspiré de faire sur les libertez de plusieurs Eglises de son Royaume : lui enfin qui a accordé au Roy des graces sans exemple ? un cœur ennemi de la France n'auroit pas eu cette bonté, ni cette moderation, ni cette patience.

PLAIDOYE'.

Tout le monde sçait les soins que le Roy a pris de s'opposer au progrez d'une heresie naissante, & de faire executer les decrets d'Innocent X. & d'Alexandre VII.

REFLEXION.

Tout le monde sçait que les Papes Innocent X. & Alexandre VII. ont condamné cinq Propositions : & qu'Alexandre VII. a declaré qu'elles

 estoient

estoient dans le livre de Janfenius.
Tout le monde fçait que le Roy a pris
un fort grand foin de faire recevoir en
fon Royaume les Decrets de ces Papes. Mais perfonne n'a jamais pû faire voir qu'il y ait eu en France une herefie naiffante au progrez de laquelle
le Roy fe foit oppofé: ne s'eftant trouvé jufqu'à prefent perfonne qui ait
pû faire voir qu'il y ait eu quelqu'un
dans le Royaume qui ait enfeigné ou
foûtenu aucune de ces propofitions,
ou dans les termes, ou dans le fens auquel elles ont efté condamnées & de-
clarées heretiques.

Il eft vray qu'il y a eu en France
plufieurs Evêques & plufieurs Theologiens, qui n'ont pas crû que ces
propofitions fuffent dans le livre de
Janfenius, quant aux termes, ou
quant au fens auquel elles font heretiques. Mais tous ces Evêques & tous
ces Theologiens ont toûjours pro-
tefté qu'ils condamnoient ces cinq

pro-

propositions dans tous les livres où elles se pourroient trouver, & dans tous
les mauvais sens qu'elles peuvent
avoir, & auxquels elles ont esté condamnées.

Or ne seroit-ce pas une extravagan-
ce de pretendre que ce soit une heresie
de ne vouloir pas croire que les cinq
Propositions sont dans le livre de Jansenius ? Et ne seroit-ce pas quelque
chose de bien surprenant que M. Talon, qui se fait une religion de ne pas
reconnoître que le Pape soit infaillible
dans les jugemens qu'il prononce touchant la doctrine, pretendit qu'il le
fût dans les questions de fait; & que selon luy ce soit estre heretique de croire que le Pape Alexandre VII. a pu
se tromper & qu'en effet il s'est mepris
lors qu'il a pris le sens, auquel les
cinq propositions ont esté condamnées, par le vray sens de Jansenius, en
declarant que c'est aux sens de cet Au-
teur qu'elles ont esté condamnées ?

A 5

L'on

L'on ne peut defavoüer que les Jefuites ayant furpris la religion du
Roy, on s'eft fervi de fon authorité
pour faire d'étranges violences à des
Evêques, & à plufieurs Ecclefiafti-
ques; à des Religieux & à des Reli-
gieufes mêmes, pour les contraindre
de jurer fur les faints Evangiles ce
qu'ils fçavoient eftre faux, ou pour
le moins ce qu'ils ne fçavoient pas eftre
veritable; fçavoir, que Janfenius ait
enfeigné dans fon livre les cinq propofitions. Tout le monde fçait jufqu'où font allez ces excez.

Mais M. Talon ne peut ignorer
que la fermeté, avec laquelle tant de
perfonnes, & fur tout des Evêque
dont la conduite édifioit toute l'E-
glife, refufoient de faire ce fermen
qu'ils croyoient avec raifon eftre u
parjure, obligea plufieurs autres Pre
lats de remontrer au Roy qu'il ne s'a
giffoit d'aucune herefie, mais feule
ment d'un fait dont la creance devoi
eftr

eftre libre & ne faifoit rien à la Religion. Ces remonftrances eurent tant
de force fur l'efprit de Sa Majefté,
que reconnoiffant qu'on l'avoit furpris, & que ceux qui refufoient de
jurer que les cinq propofitions font
dans Janfenius, n'eftoient ni heretiques
ni rebelles , mais tres-Catholiques
& tres-foûmis à l'Eglife & à l'Etat; il
fit ceffer toutes ces violences, & rendit
la paix à l'Eglife par une declaration
authentique.

Qui ne s'étonnera donc que M. Talon ofe avancer devant tout un Parlement qu'il y a eu une herefie naiffante, au progrez de laquelle le Roy ait
pris foin de s'oppofer : comme fi ceux
qui compofent cette augufte affemblée n'eftoient pas convaincus que
cette herefie n'eft qu'un phantôme,
dont les Jefuites fe fervent pour fe-
duire ceux qui n'ont pas affez de dif-
cernement, & pour exciter les Puif-
fances contre ceux qui ne fuivent pas

A 6   leurs

leurs sentimens & leurs maximes?
Quoy, M. Talon pense-t'il que ce
soit relever les illustres victoires &
les glorieux triomphes de Loüis le
Grand, que de conter au nombre de
ses faits heroïques la defaite d'un
phantôme, dont il a reconnu lui-
même qu'on s'est servi pour surpren-
dre sa religion, & pour l'engager à
faire ce que sa justice ne lui eût pas
permis, si on ne l'avoit pas surpris?

PLAIDOYE'.

*Nostre Auguste Monarque, à qui
rien n'est impossible; sur tout lors qu'il
travaille pour les interéts du Ciel, s'est
appliqué à ce grand ouvrage (de reünir
tout le Royaume dans une même
creance) avec tant de succez; & a
joint si heureusement ses graces & ses
biensfaits à la justice equitable de ses
Edits, que cette entreprise se trouve
entierement consommée pour la reunion*

de

*de prés de deux millions de personnes
qui sont rentrées dans le sein de l'Eglise, & qui reconnoissent aujourd'huy la
puissance legitime du Siege de Rome.*

REFLEXION.

Ce seroit quelque chose d'odieux,
de vouloir rechercher qui ont esté les
veritables motifs qui ont porté le Roy
à contraindre les Calvinistes de France
à rentrer dans nostre Communion ; &
si ç'a esté par un mouvement de religion, ou par des veües politiques. On
en laisse le jugement à celuy qui con-
noît le fond des cœurs.

Mais quelque religieuse & sainte
qu'ait esté l'intention du Roy dans
cette grande entreprise ; tous ceux qui
ne sont pas nez pour flater avoüeront
que l'esprit de l'Evangile ne paroit nullement dans les moyens dont on s'est
servi pour l'exécution de ce dessein. Il
y a beaucoup de discernement à faire
en-

entre des heretiques qui s'élevent, &
qui troublent la Religion & l'Etat; &
des heretiques qui sont pour ainsi dire
nez dans leurs erreurs, & qui y ont esté
élevez sous la protection des loix. Il
est du devoir d'un Prince Chrêtien de
punir la revolte des premiers, & d'en
arrêter l'insolence même avec force. Et
quant aux autres il est en droit de ne
leur pas continuer la liberté qui leur a
esté donnée, & de revoquer tous les
privileges dont ils joüissoient & qu'ils
tenoient de sa clemence. Ainsi il peut
quand il lui plaît, les obliger & même
les contraindre, ou à sortir de ses Etats,
ou à rentrer dans l'Eglise, dont ils ne
demeuroient separez que par sa tole-
rance.

Mais leur defendre sous de grieves
peines de sortir du Royaume; & en
même temps leur envoyer pour tout
Predicateurs des Dragons qui les con-
traignent à vive force d'abjurer sans
autre instruction comme des heresies
des

des sentimens dans lesquels ils ont esté élevez ; & d'embraser aveuglement une Religion, qui quoy que veritable, leur a toûjours paru estre une idolatrie : c'est une dureté, où l'on ne voit rien de l'esprit de l'Evangile, ni de celui de l'Eglise ; & qui n'a esté propre qu'à la remplir de faux Catholiques & de sacrileges.

M. Talon voudroit bien faire croire que la voie dont Sa Majesté s'est servie pour reünir prés de deux millions de personnes, n'a pas esté si rigoureuse ; & que ç'a esté par des graces & des bien-faits qu'il a consommé ce grand ouvrage. Mais cela seroit meilleur à conter aux Indes, où l'on ne sçait pas tout ce qui se passe en France, que de le dire à Paris & devant un Parlement, où l'on ne sçait que trop les insolences & les violences que les Dragons ont exercées contre ceux qui refusoient d'obeïr aux nouveaux Edits, dont M. Talon dit par une epithete rare &
fin-

singuliere que la justice est equitable.

PLAIDOYE'.

*Que de témoignages de reconnoissan-
ce non seulement en paroles, mais en effet; que d'accroissemens de graces & de
faveurs le Roy ne devoit-il pas attendre
du Pape? quelles marques de respect &
quelle déference l'Eglise & tous ses Ministres ne sont-ils pas obligez de rendre
à un Prince, de qui ils reçoivent une
protection si puissante & si efficace?*

I. REFLEXION.

La reünion de tous les Protestans
de France à l'Eglise Romaine est sans
doute un ouvrage qui auroit acquis
au Roy une gloire immortelle; si la
maniere avec laquelle on a entrepris
d'executer ce grand dessein ne l'avoit
flétrie. Le Pape n'auroit pas manqué de
reconnoistre non seulement de parole,

mais

mais par effet & par de nouvelles graces, le grand service que Sa Majesté auroit rendu en cela à l'Eglise Romaine :
l'Eglise & tous ses Ministres lui auroient témoigné par de nouvelles
marques d'estime & de respect combien elle seroit obligée à **un Prince qui**
auroit travaillé d'une maniere si puissante & si efficace à augmenter le nombre de ses enfans , en faisant rentrer
dans son sein ceux qui s'en estoient
injustement separez. Mais le Pape,
l'Eglise & ses plus sages Ministres sçavent qu'une augmentation du peu-
ple n'est pas toûjours un accroisse-
ment de joye, selon ces paroles: *mul-
tiplicasti gentem, sed non magnificasti
lætitiam.* Ils ont trop de discernement
pour se faire un grand sujet de joye
d'une conversion exterieure & appa-
rente de prés de deux millions de personnes, qui pour la pluspart ne sont
rentrez dans le sein de l'Eglise, que

pour

Isa. 9. *vers.* 3.

pour la foüiller par un nombre infi-
ni de facrileges, & pour prophaner
ce qu'elle a de plus faint; en faifant
profeffion de la Religion Romaine
fans changer de fentimens; & en ap-
prochant de fes Sacremens avec un
cœur heretique, qui n'eft point con-
verti.

II. REFLEXION.

Quelque grand fervice que M. Talon prétend que le Roy tres-Chré-
tien ait rendu à l'Eglife par la pretenduë reünion de prés de deux millions
de perfonnes, qui font rentrez exte-
rieurement dans le fein de celle d'où
ils eftoient fortis ; le Pape n'a pas crû
le devoir confiderer comme un Prince, de qui toute l'Eglife reçoit une
puiffante & efficace protection. Sa
Sainteté eft parfaitement informée de
tout ce que ceux qui ont furpris la
religion de Sa Majefté lui ont fait en-
tre-

treprendre contre les libertez de l'E-
glise, & contre l'authorité non seulement du S. Siege, mais même des
Conciles. Qui ne sçait pas ce que la
Cour de France a entrepris contre les
Religieuses Urbanistes, à qui elle
vouloit donner des superieures ; &
contre les Religieuses de Charonne,
& celles de l'Enfance de JESUS, que
l'on a entierement detruites par la
plus grande de toutes les injustices, &
sans avoir aucun égard aux Brefs ni
aux Bulles de Sa Sainteté ? Qui ne sçait
ce que la Cour a fait contre les Eglises d'Aleth & de Pamiers ; & avec
quel mépris on y a traité les lettres
pleines d'une vigueur Apostolique,
que le Pape a écrites au Roy pour la
défence de ces Eglises, & pour faire
observer le Concile de Lion ?

Enfin qui ne sçait que les lieux
d'exil & les prisons de France sont depuis long-temps remplies de Prêtres
& autres personnes de pieté & consa-

crez

crez à Dieu, contre qui on a prevenu
Sa Majesté, & dont tout le crime est
d'aimer la verité & l'Eglise.

Aprés cela le Pape peut-il conside-
rer comme un puissant protecteur de
l'Eglise un Prince qu'on a engagé sous
un faux pretexte de Religion & de
justice à persecuter, avec tant de vio-
lence tous ceux qui prennent les interéts de la verité; & à qui on ne peut
reprocher qu'une vigueur & une fermeté Chrestienne pour les libertez de
l'Eglise, aussi-bien que pour les maximes de l'Evangile.

P L A I D O Y E'.

*Cependant le Pape prevenu par des
esprits factieux a voulu prendre connoissance des Declarations que le Roy a
faites sur le sujet de la Regale, sans con-
siderer que ce droit, l'un de plus emi-
nens de la Couronne, a esté reconnu
par un tres-grand nombre de ses Pre-*
de-

decesseurs, qui n'ont jamais pretendu ni en connoistre ni y mettre des bornes: &c.

I. REFLEXION.

Il paroist bien que M. Talon ne se possedoit pas beaucoup dans son discours. Est ce parler desuite, que de reprocher au Pape qu'au lieu de reconnoître par de nouvelles graces le zele avec lequel Sa Majesté a reüni à l'Eglise Romaine prés de deux millions de personnes ; il a voülu prendre connoissance des Declarations que le Roy a faites sur le sujet de la Regale ? Car il n'y a personne qui ne sçache que lors qu'on a remué l'affaire de la Regale, & que le Pape a fait ses plaintes au Roy de ce qu'il usurpoit ce droit ; Sa Majesté n'avoit pas encore executé le dessein de cette pretenduë reunion de deux millions de Protestans à l'Eglise Catholique.

II. RE-

II. Reflexion.

M. Talon est un de ses esprits forts, qui font gloire de s'attacher si opiniâtrement aux sentimens dont ils sont une fois prevenus, qu'ils n'en reviennent jamais, quelques fortes preuves qu'on puisse apporter pour leur faire voir qu'ils se sont trompez. Dans les Ecrits qu'on a fait touchant la Regale on a prouvé invinciblement que c'est une pure usurpation; & qu'il n'y a rien de plus faux & de plus imaginaire, que de dire que la Regale soit un droit de la Couronne. On l'a demontré si incontestablement qu'en tout le Royaume il ne s'est trouvé personne de merite qui ait entrepris la deffence de ce pretendu droit, ou écrit pour justifier cette usurpation.

III. Re-

III. REFLEXION.

Il est aisé de comprendre que par les ESPRITS FACTIEUX, que M. Talon dit qui ont prevenu le Pape touchant la Regale, il entend feu Mrs. les Evêques d'Aleth & de Pamiers, qui eurent recours à Sa Sainteté pour défendre la liberté de leurs Eglises contre les entreprises de la Cour. Mais on ne comprendroit pas comment M. Talon ose traiter d'une maniere si outrageuse deux Prelats, que tout le monde a regardé pendant leur vie comme l'ornement & l'exemple du Clergé de France : si on ne sçavoit que les politiques & les flateurs de Cour ont toûjours traité de factieux tous ceux qui ont eu de la fermeté pour la verité & pour la justice ; & qui ont eu assez de vigueur pour s'opposer aux desseins des puissances du siecle, lors qu'elles ont entrepris sur les

droits

droits de l'Eglise ou sur la Religion.

IV. REFLEXION.

Quand M. Talon fait un crime au Pape d'avoir *voulu prendre connois-sance des Declarations que le Roy a fai-tes sur le sujet de la Regale*, il ne se souvient pas qu'une des grandes maximes de l'Eglise Gallicane est qu'en-core que le Pape soit soumis aux Conciles & aux Canons, il en est neanmoins sans contredit le protecteur. La Re-gale, comme elle est aujourd'huy en usage en France estant donc un viole-ment des Canons & des Conciles, & singulierement de celuy de Lion; n'est-il pas de l'obligation du Pape de prendre connoissance de tout ce qui se fait en faveur de ce pretendu droit, & de s'y opposer? & ne faut-il pas avoir oublié cette regle de l'Eglise Gallicane même, pour en faire un cri-me à Sa Sainteté.

V. RE-

V. REFLEXION.

Si M. Talon dit que le droit de Regale, tel qu'on s'efforce de l'établir aujourd'huy en France, *a esté reconnu par un tres-grand nombre des predecesseurs* d'Innocent XI. c'est qu'un Avocat General s'imagine d'estre en droit d'avancer tout ce qui lui plaît, sans se croire obligé d'en donner de preuves. Car sans ce privilege, on le prieroit de marquer un seul Pape qui ait jamais accordé au Roy ce pretendu droit, ou qui l'ait approuvé ou confirmé. Et s'il ajoute que les Papes avant Innocent XI. *n'ont jamais pretendu en connoître, ni y mettre des bornes*, c'est que le trop grand zele qu'il a pour son Prince, luy fait oublier ce qu'il doit à la verité, ou l'empeche de faire reflexion que le Pape Gregoire X. a presidé au Concile de Lion, à la teste de plus de cinq cent Evê-

B

ques :

ques : & que ce fut là que sur les in-
stances même du Roy Philippe le
Hardi , le Pape & ces Evêques pri-
rent connoissance de la Regale , &
défendirent qu'on l'étendit à l'ave-
nir, en declarant excommuniez tous
ceux qui entreprendroient de l'étendre, de quelque dignité qu'ils fussent.

P L A I D O Y E'.

Dans l'Assemblée tenuë à l'occasion
des affaires de la Regale, les Evêques
avertis que les Docteurs Ultramontains
& les Emissaires de la Cour de Rome
n'oublioient aucun soin pour repandre
dans le Royaume les opinions nouvelles
de l'infaillibilité du Pape , &c.

R E F L E X I O N.

Il est vray qu'en l'année 1682. il
se tint à Paris une Assemblée du Clergé au sujet de la Regale ; & qu'au lieu
d'y

d'y défendre avec une vigueur Epiſ-
copale les droits de l'Egliſe ; les Prelats dont elle eſtoit compoſée les
abandonnerent lâchement , en accordant au Roy l'extention de la Regale à toutes les Egliſes du Royaume,
qu'il n'avoit jamais euë , & qu'il
n'eſtoit pas en la puiſſance de ces Prelats de lui donner , ſur tout aprés la
défenſe expreſſe du Concile de Lion ,
& aprés que le Pape eſtoit ſaiſy de cette affaire par l'Appel qu'avoient inter-
jetté devant lui les Evêques d'Aleth
& de Pamiers.

Il eſt encore vray que cette aſſem-
blée fit une Declaration de ſes ſentimens touchant la puiſſance Eccleſia-
ſtique, donnant des bornes à celle du
Pape ; afin qu'en l'attaquant , ils fiſſent
diverſion d'armes , & l'obligeaſſent
à penſer à défendre ſes propres interéts plutoſt que ceux de l'Egliſe de France ; & que cependant le
Roy demeurât paiſible poſſeſſeur du

B 2

droit

droit qu'ils venoient de lui accorder.

Mais comme cette Declaration pa-
roiſſoit Schiſmatique & hors de toute ſaiſon, n'y ayant point de rapport
entre la Regale & l'infaillibilité du
Pape : M. Talon a cru qu'il falloit
inventer quelque choſe qui pût donner à ces Evêques occaſion de s'ex-
pliquer ſur ce ſujet. Il s'eſt donc avi-
ſé de dire que ce qui les obligea à
donner leur Declaration touchant cette maniere, fut qu'on les avertit *que
les Docteurs Ultramontains & les E-
miſſaires de la Cour de Rome n'oublioient aucun ſoin pour repandre dans
le Royaume les opinions nouvelles de
l'infaillibilité, &c.*

Mais il n'y eut jamais rien de plus
mal penſé ni d'illuſion plus groſſiere.
Car on ſçait qu'au temps de cette Aſ-
ſemblée on ne parloit & n'écrivoit
plus de ces matieres ; & qu'on n'a
point vû en France des Docteurs
Ultra-

Ultramontains y venir enseigner &
repandre les opinions de l'infaillibilité.

PLAIDOYE'.

*L'on a vu pourtant avec étonnement
que le Pape a regardé cette Declaration comme une injure faite à son authorité : en telle sorte que le Roy ayant
nommé à l'Episcopat quelques-uns de
ceux qui assistoient à cette Assemblée..... on leur a refusé des Bulles sous
pretexte qu'ils ne font pas profession
d'une saine doctrine.*

REFLEXION.

Il n'y a pas de quoy s'étonner que
le Pape ait consideré comme un atten-
tat fait à son authorité une Declaration qui lui ôte une souveraineté &
une infaillibilité que les Docteurs
Ultramontains & plusieurs autres

 tien-

tiennent qu'il a recuë en effet de
J.C. Mais s'il a refufé à ceux qui ont
affifté à cette Affemblée de leur donner des Bulles pour les Evêchez, auxquels le Roy les a nommez, ce n'eft
pas tant, ce me femble, par ce qu'ils
fe font declarez contre fon infaillibilité, qu'il fçait bien n'eftre pas recon-
nuë communcment par les Theologiens de France; que parce qu'on en
a voulu faire un dogme, & contraindre tous les Theologiens de le fui-
vre : comme il paroît par l'Edit que
le Roy a donné fur cette Declaration, & par l'exil des Docteurs qui
ne voulurent pas s'y foumettre. Mais
c'eft fur tout que le Pape eftant reconnu univerfellement & même en
France, pour le Protecteur de l'E-
glife & des Conciles, il ne peut regarder que comme des Schifmati-
ques, ceux qui fe font affemblez
pour violer les Canons des Conciles
& les libertez de l'Eglife, & pour
s'éle-

s'élever contre luy , en prennant con-
noiſſance d'une cauſe qui luy eſtoit
devoluë par l'appel que les Evêques
d'Aleth & de Pamiers avoient inter-
jetté des ſentimens de leurs Metropo-
litains au ſujet de la Regale.

PLAIDOYE'.

Le Pape jaloux de ſignaler ſon Pon-
tificat par quelque nouveauté faſtueu-
ſe , a conçu le deſſein de détruire les
franchiſes des Ambaſſadeurs des Têtes
couronnées.

REFLEXION.

Enfin M. Talon, aprés avoir avancé
bien des choſes, qui ne font rien à ſon
ſujet , commence à y entrer. Mais
c'eſt commencer fort mal, que d'attribuer à l'ambition un deſſein auſſi
Chreſtien, qui eſt celui de reformer la
ville, où eſt le premier Siege de l'Egliſe,

se, & qui doit estre la regle de toutes les autres en la pureté des mœurs, aussi-bien qu'en celle de la creance. L'on sçait combien Innocent XI. a pris à cœur cette reformation, & ce qu'il a fait pour l'execution de ce dessein. L'on sçait aussi que la Franchise des quartiers des Ambassadeurs en est un des plus puissans obstacles. Si le Pape a donc conçû le dessein de détruire ces Franchises; il est clair que ce n'a esté que pour oster l'obstacle qui s'oppose à cette reformation : & que c'est une malignité d'attribuer ce dessein du Pape à un desir ambitieux qu'il ait de signaler son Pontificat par quelque nouveauté facheuse.

PLAIDOYE'.

Quand ces Franchises seroient des concessions gracieuses des Papes, elles n'auroient pas pû estre revoquées sans cause legitime.

RE-

REFLEXION.

N'en est-ce pas une tres-legitime, que d'apporter un remede efficace aux desordres & à la corruption d'une Ville, qui est la Capitale non seulement du monde, mais de la Religion; & dont les scandales passent pour les scandales de toute l'Eglise?

PLAIDOYE'.

Jules III. Pie IV. Gregoire XIII. & Sixte V. se sont plaints à la verité de l'abus que commettoient quelques-uns des Ministres des Princes en donnant azile en leurs Quartiers à des personnes prevenuës de crimes enormes: ils ont cherché des expediens pour faire cesser ces desordres, ou pour les diminuer: & s'ils ont fait quelque tentative pour abolir les Franchises, elle est demeurée inutile, &c.

B 5 I. RE-

I. REFLEXION.

M. Talon reconnoît que ce n'est
pas une nouvelle plainte ; que celle
qu'on fait de l'abus qui se commet
par les Ministres des Princes, qui
donnent azile en leurs quartiers à tous
les scelerats. Il avoüe que plusieurs
Papes s'en sont plaints ; & que pour
faire cesser ce desordre ou pour le
diminuer, on a toûjours crû qu'il
estoit necessaire d'abolir les Franchises, & que ces Papes ont fait pour
cela quelque tentative. Comment
M. Talon a-t'il donc pû dire que ce
qu'Innocent XI. a fait à l'exemple
de tous ces Papes, est UNE NOU-
VEAUTÉ FASTUEUSE, par laquelle
il a voulu signaler son Pontificat ?
Quand on parle contre la justice, il
est difficile d'estre bien d'accord avec
soy-même.

II. RE.

II. REFLEXION.

Si les tentatives, que ces Papes ont faites pour abolir les Franchifes , & pour remedier par là aux defordres de Rome, font demeurées inutiles & fans effet : cela ne prouve pas qu'elles fuffent injuftes ou déraifonnables : Mais cela marque feulement qu'elles n'ont pas efté affez fortes pour vaincre la mauvaife difpofition des Miniftres des Princes , qui preferoient une vaine grandeur au falut des ames, à l'honneur de l'Eglife & aux interéts du Ciel. Si Innocent XI. acheve ce que fes Predeceffeurs ont tenté inutilement; cette fermeté n'en fera-t'elle pas d'autant plus loüable ?

PLAIDOYE'.

Mais les preéminençes de la Couronne de France font appuyées fur des Ti-
 tres

tres authentiques, que les Papes ne
sçauroient desavoüer sans une extréme
ingratitude.

REFLEXION.

L'on seroit bien aisé de voir ces TI-
TRES AUTHENTIQUES, sur lesquels
la Franchise du quartier de l'Ambassadeur de France est appuyée. Mais
on aura beau feuilleter tous les papiers
du tresor & du Cabinet du Roy ; je
pourrois assurer qu'on n'en trouvera pas un seul, où il soit parlé de cette pretenduë Franchise, comme d'un
droit de la Couronne.

PLAIDOYE'.

*Pepin & Charlemagne les ont non
seulement affranchis de cette servitude (des Exarques de Ravennes, &
du Roy des Lombards) mais leur
ont donné par pure liberalité ce qu'on*

ap-

appelle aujourd'huy le Patrimoine de Saint Pierre, &c.

I. Reflexion.

Voilà sans doute ces titres authentiques des prééminences de la Couronne de France; c'est-à-dire de tous les droits qu'il plaira aux flatteurs d'attribuer au Roy sur Rome, sur le Pape, & sur l'Eglise même. Ce seroit à la verité une extréme ingratitude de ne pas reconnoître ce que les Roys de France ont fait en faveur du S. Siege. Mais de pretendre que parce qu'ils ont protegé & secouru les Papes lors qu'on les a persecutez, ils peuvent usurper sur Rome, sur le Pape & sur l'Eglise tout ce qu'il leur plaira ; c'est la derniere des extravagances.

II. Reflexion.

Si Pepin & Charlemagne ont af-
fran-

franchis les Papes de la servitude des Exarques de Ravennes, & des insultes des Lombars ; s'ils leur ont donné ce qu'on appelle aujourd'huy le Patrimoine de S. Pierre ; & s'ils leur ont fait d'autres faveurs : ce n'est pas par une LIBERALITE' si PURE, que M. Talon le dit, & que les flatteurs de Cour le voudroient faire croire. Cette liberalité a esté beaucoup mélée de reconnoissance. Et si les Papes ne sçauroient sans ingratitude desavoüer que le S. Siege a reçû beaucoup de protection & de secours des Roys de France ; il n'est pas moins de la reconnoissance de ces Princes de se souvenir que c'est du S. Siege qu'ils tiennent leur Couronne ; & que si elle a passé de la premiere Race à la seconde, d'où elle est venuë à la troiziéme ; ils le doivent au Pape Zacharie, selon l'aveu des Historiens même de France, qui remarquent que ce fut ce Pape qui fit élire Pepin
Roy

Roy de France en faisant dégrader
Childeric III. Ce Pape luy donna encore le titre de Patrice, qui estoit le
plus proche degré pour l'Empire. Le
Pape Adrien honora Charlemagne du
même titre : & ce fut le Pape Leon
III. qui le couronna Empereur le
jour de Noël; comme ce fut le Pape
Jean VIII. qui donna à Loüis le Be-
gue la Couronne Imperiale en la même fête, qui estoit un jour de gloire
pour les François, jusqu'à ce que le
mépris que M. de Lavardin a fait des
Ordonnances du Pape, en eût fait un
jour d'opprobre pour eux. Loüis le
Gros fut aussi couronné Empereur
par le même Pape. Ainsi si on met-
toit en balance ces graces, & toutes
les autres que les Papes ont faites aux
Rois de France, avec le secours que
les Papes ont reçu de ces Princes; il se
trouveroit que les Rois de France ne
sont pas moins obligez au S. Siege,
que le S, Siege l'est à ces Rois ; & que
s'il

s'il en a esté quelquefois secouru, ç'a
été pour le moins autant par recon-
noissannce que par liberalité.

III. REFLEXION.

L'on ne dispute pas au Roy de
France le glorieux titre de FILS AÎNÉ
DE L'EGLISE; puis qu'outre qu'il
tient originairement sa Couronne du
Saint Siege, il semble qu'un profond
respect & une obeïssance filiale pour
le Siege Apostolique avoient été le
caractere singulier des Rois de France.
Mais loin que cette qualité de FILS
AÎNÉ DE L'EGLISE, leur donne droit
d'usurper sur l'Eglise ce qui ne leur
appartient pas, & d'en violer les libertez; c'est se rendre indigne de ce glorieux titre, que de renoncer au respect & à l'obeïssance qu'ils doivent au
Vicaire de JESUS-CHRIST, en mepri-
sant ses avertissemens & ses Ordonnances.

PLAI-

PLAIDOYE'.

Le traité de Pise porte qu'on rendra aux Ambaſſadeurs du Roy le reſpect & la déference qui leur eſt duë. Et pour peu qu'on examine qu'elle eſtoit l'origine de la querelle, il eſt aiſé de connoître que par cet article la Franchiſe de nos Ambaſſadeurs ſe trouve approuvée & confirmée.

REFLEXION.

Il faut avoir les yeux de M. Talon, pour voir que la Franchiſe du quartier de l'Ambaſſadeur de France a été approuvée & confirmée par le Traité de Piſe, qui porte qu'on rendra aux Ambaſſadeurs du Roy le reſpect & la déference qui leur eſt dûe. Je ſuis aſſuré que le Pape eſt prêt de declarer & d'ordonner la même choſe en faveur des Ambaſſadeurs de tous les
Prin-

Princes Chrêtiens, sans que personne croie qu'il s'engage par là à leur continuer la Franchise de leurs quartiers. Et pour peu d'attentation qu'on fasse à l'origine de la querelle qui donna sujet au traité de Pise; & au differend qui est aujourd'huy entre le Pape & le Roy : on trouvera qu'il n'y a point de rapport de l'un à l'autre. Car on verra que l'origine de la querelle, qui donna sujet au Traité de Pise, fut un demeslé qui arriva entre quelques François & les Corses, qui pour se venger allerent investir insolemment le Palais de l'Ambassadeur : ce qui n'a rien de commun avec la Franchise qui fait le different d'aujourd'huy.

P L A I D O Y E'.

Ni nos Rois, ni leurs Officiers, ne peuvent estre sujets à aucune excommunication pour tout ce qui regarde l'exercice

cice de leurs Charges : ce font des maxi-
mes certaines, &c.

REFLEXION.

C'eſt une maxime certainé que ni
les Rois, ni leurs Officiers, ne ſont
ſujets à aucune excommunication
preciſément pour l'adminiſtration de
leurs Charges : & ce n'eſt pas un privilege , mais un droit qui eſt commun à tous ceux dont les Charges
n'ont en ſoy rien de mauvais & d'in-
juſte. Mais que les Rois & leurs Officiers ne ſoient ſujets à aucune excommunication pour les abus qu'ils
pourroient commettre dans l'exercice de leurs Charges; c'eſt non ſeule-
ment une maxime tres-fauſſe, mais une
erreur qui eſt entierement contraire à
l'Egliſe qui donne à l'Egliſe & à ceux
qui la gouvernent, l'authorité de lier
auſſi-bien que celle de délier , ſans ex-
ception des Rois & d'Officiers , tous

ceux

ceux qui refusent opiniâtrement d'obeir à ses loix. Quoi ? un Roi entreprendra tant qu'il luy plaira sur les droits de l'Eglise ; & ses Officiers exécuteront ses ordres quelqu'injustes qu'ils soient, sans que ni les Evêques, ni le Pape, ni les Conciles les puissent excommunier : il faut estre plus que schismatique declaré, pour avancer cette maxime, & pour la vouloir faire passer pour une regle certaine qui ne peut estre revoquée en doute.

PLAIDOYE'.

C'est une affaire toute temporelle: & l'on ne sçauroit rien remarquer dans sette contestation qui regarde ni la foi, ni la doctrine de l'Eglise, ni même la discipline, ni l'observation des Canons.

REFLEXION.

La reformation des desordres qui se

fe commettent dans la ville, où eft le Siege Apoftolique, & qui doit être l'exemple de tout le refte du monde Chrêtien, n'eft-elle pas un point de difcipline, & qui regarde les bonnes mœurs? Quelque temporelle que foit en foy-même la conteftation des Franchifes; ne devient-elle pas fpirituelle, & n'appartient-elle pas aux bonnes mœurs; lorfqu'on confidere ces Franchifes comme un puiffant obftacle qui empéche cette reformation, & qui la rend impoffible ? Pourquoy donc le Pape ne peut-il pas fe fervir des armes fpirituelles, & de la puiffance de lier que JESUS-CHRIST a confiée à fes Apoftres, lors qu'il s'agit d'une chofe fi importante, qui regarde le falut de tant d'ames, & d'où depend l'honneur ou le fcandale & la honte de l'Eglife ? Quand M. Talon vient dire que c'eft *par un efprit de domination, par un motif de vengeance, ou par un defir immoderé d'étendre fa puiffance* que le Pape a

entre-

entrepris d'abolir ces Franchises ; c'est
un emportement digne d'un passion-
né Officier , mais tres-indigne d'un
Chrétien. Car les plus grands ennemis
du Saint Siege avoüent qu'il y a long-
temps que l'on n'a vû un Pape auffi
defintereffé qu'Innocent XI. & qui ait
autant de zele pour le bien commun,
pour les droits de l'Eglife, & pour le
rétabliffement de la pureté des mœurs.

PLAIDOYE'.

*Le mauvais ufage que les Papes ont
fait en tant de rencontres de l'authorité
dont ils font depofitaires , en n'y donnant
point d'autres bornes , que celle de leur
volonté , a été la fource des maux prefque incurables , dont l'Eglife eſt affligée,
&c.*

REFLEXION.

L'on tombe d'accord avec M. Talon

lon que le mauvais ufage, que quelques Papes ont fait en plufieurs rencontres de l'autorité dont ils font depofitaires, a été la fource de bien de maux. Mais tout ce qu'il dit fur cela ne prouve rien, qu'en fuppofant ce qu'il ne fçauroit prouver, & ce qui paroît vifiblement faux; fçavoir, que ç'ait été par pure ambition ou par vangeance que le Pape ait donné la Bulle par laquelle il revoque les Franchifes des quartiers.

PLAIDOYE'.

Prefque tous ceux qui compofent le Sacré College, ont fait tous leurs efforts pour détourner le Pape de la publier, & ils ne l'ont fignée que par une obeiffance aveugle à fes ordres, &c.

REFLEXION.

Qui a revelé ce fecret à M. Talon :
&

& quelle preuve en a-t'il? Mais quand tout cela seroit veritable „ il n'en pourroit pas conclure que les Cardinaux n'ayent signé cette Bulle, que par une obeïssance aveugle aux ordres du Pape. Car il se peut bien faire que les Cardinaux ayent eu des considerations pour tacher de détourner le Pape de faire publier cette Bulle, & que neanmoins ils l'ayent cruë tres-juste & tres-necessaire.

PLAIDOYE'.

Cependant, quoy que cette Bulle pretenduë n'ait point été publiée en France, qu'elle n'ait jamais été signifiée au Sieur Marquis de Lavardin, &c.

REFLEXION.

M. Talon s'apercevant bien que tout ce qu'il a dit pour la défence de sa cause quant au fond, étoit ex-
tré-

tremement foible ; se jette sur la formalité, en chicanant sur ce que la Bulle du Pape n'a point été publiée en France, ni signifiée à M. le Marquis de Lavardin. Mais cette chicane est encore plus foible que tout le reste. Chez quels Jurisconsultes M. Talon a-t'il appris, ou en quelles loix a-t'il trouvé qu'afin qu'une personne qui est à Rome, encoure les peines qui sont ordonnées par quelque Constitution, il soit necessaire qu'elle ait été publiée en France, & qu'elle lui ait été signifiée : & que ce ne soit pas assez qu'elle ait été publiée & affichée à Rome dans toutes les formes ? M. le Marquis de Lavardin étant donc à Rome, & ayant même été averti de la part du Pape avant qu'il y entrât, des volontez & des ordres de Sa Sainteté ; c'est chicaner mal à propos, que de dire qu'il en prétend cause d'ignorance, parce qu'on ne lui a pas signifié cette Bulle.

C

PLAIDOYE'.

L'on découvre dans la conduite du Pape tant de partialité en faveur de ceux qui sont ennemis ou jaloux des prosperitez de cette Couronne, &c.

REFLEXION.

Le Pape paroît avoir pour tous les Princes Chrêtiens un amour si paternel & si égal; qui est difficile de deviner qui sont ceux en faveur desquels M. Talon l'accuse d'avoir de la partialité. Il est vray que l'Empereur a reçû & reçoit encore tous les jours du Pape de tres-grands secours. Mais tout le monde en sçait l'employ : & il faudroit estre ennemi du nom Chrétien pour trouver mauvais que le S. Pere aide l'Empereur contre l'ennemi declaré de J. C. Et on ne se sçauroit imaginer que la benediction que Dieu donne à ces secours & aux armes de l'Eml'Empereur contre cet ennemi commun, puisse donner de la jalousie au Fils aîné de l'Eglise.

PLAIDOYE'.

Nous ne doutons pas qu'un Pape plus moderé, n'imite l'exemple de Clement V. qui par un decret solemnel abolit pour jamais la memoire de ce que son predecesseur Boniface VIII. avoit injustement entrepris contre le Roy Philippe le Bel: & cette retractation, qui prouve que les Papes ne sont pas infaillibles, puisque l'un detruit ce que l'autre a édifié, revoque entre autres la Bulle, UNAM SANCTAM, &c.

I. REFLEXION.

Il n'estoit pas de la prudence de M. Talon de rappeller icy le differend qui a esté autre-fois entre Boniface VIII. & Philippe le Bel. Car si on l'examine bien, on trouvera que selon le témoignage même des Historiens de France, ce Pape en usa avec beaucoup de moderation; qu'il expliqua lui-même la Bulle, *Unam Sanctam*, dont la France s'offensoit; qu'il canoniza S. Loüis, ayeul de Philippe le Bel: & qu'il fit plusieurs autres demarches qui auroient adouci l'esprit du Roy, si Nogaret ne l'avoit pas entretenu par d'horribles calomnies dans les mauvaises dispositions où il l'avoit mis à l'égard du Pape.

II. REFLEXION.

Il est facile à M. Talon d'avancer dans son Plaidoyé tout ce qu'il lui plaît, & de dire que Clement V. a aboli pour jamais par un decret solemnel la memoire de ce que son Predecesseur, Boniface VIII. avoit fait contre le Roy Philippe le Bel; & qu'entre autres il a revoqué sa Bulle, *Unam Sanctam*. Mais il n'est gueres sceant à un Avocat General d'avancer devant tout un auguste Parlement des faits que tous ceux qui ont un peu lû

sça-

sçavent estre faux. Il est vray que le Roy fit demander au Pape Clement V. qu'il revoquât tout ce que Boniface VIII. avoit fait pendant son Pontificat. Mais il est aussi vray que ce Pape le refusa, en disant que ce seroit faire injure à la France & au Roy puisqu'on ne pouvoit revoquer tout ce que Boniface VIII. avoit fait, sans revoquer la canonization de S. Loüis qui avoit esté faite par ce Pape.

Il n'est même nullement vray que Clement V. ait donné aucun decret par lequel il abolisse la memoire de ce que Boniface VIII. avoit fait contre Philippe le Bel; ou qu'il ait revoqué la Bulle, *Vnam Sanctam.* On trouve bien un decret, par lequel Clement V. declare en faveur de la France qu'il ne prétend point que la Bulle, *Vnam Sanctam*, fasse aucun prejudice au Roy ni au Royaume; ni qu'en vertu de cette Bulle ils soient davantage assujettis à l'Eglise Romaine, qu'ils ne l'estoient

C 3

au-

auparavant ; mais qu'ils demeure-
roient au même estat où ils estoient
avant cette Bulle: En quoy tous ceux
qui ont quelque discernement voient
que Clement V. ne fait rien moins que
ce que M. Talon avance. Mais il ne se
feroit pas mépris s'il avoit dit que pour
terminer ce differend qui s'estoit éle-
vé entre Boniface VIII. & Philippe le
Bel, il falut que le Roy reçût du Pape Clement V. au moins *ad cautelam*,
l'absolution de l'excommunication
qu'il avoit encouruë par le mépris
qu'il avoit fait des Bulles de Boniface
VIII. Que si cette remarque n'eut pas
esté avantageuse à la cause que M. Talon défendoit ; au moins devoit-elle
moderer son ardeur, & l'empécher de
dire qu'en ces sortes d'occasions *les*
foudres du Vatican n'ont rien de redou-
table, & que ce sont des feux passagers
qui s'exhalent en fumée.

PLAIDOYÉ.

Le refus que fait le Pape d'accorder
des

des Bulles à tous les Evêques nommez par le Roy, cause un desordre qui augmente tous les jours, &c.

I. REFLEXION.

Tous ces desordres doivent estre imputez à ceux qui ont donné au Pape un juste sujet de les regarder comme des Schismatiques, qui se sont revoltez contre le S. Siege, en accordant au Roi la Regale sur des Eglises qui s'estoient pourveües par Appel devant le Pape; & qui se sont élevez eux-mêmes au dessus des Conciles, en étendant la Régale à toutes les Eglises du Royaume, contre la disposition & la défense expresse du Concile General de Lion.

II. REFLEXION.

Selon le concordat même, qui est aujourd'huy la Loy du Royaume de France touchant les Benefices, le Pape est en droit d'examiner si ceux, que le Roy nomme aux Evêchez, ont les

qua-

qualitez neceſſaires ; & de leur refuſer
ſes Bulles , s'il trouve qu'ils ne les
aient pas. Or le Pape peut-il croire que
des perſonnes qui abandonnent lache-
ment aux Puiſſances du ſiecle les libertez & les droits de l'Egliſe contre la
diſpoſition des Conciles & les défences
du S. Siege, aient les qualitez neceſſaires pour l'Epiſcopat, qui demande une
vigueur Apoſtolique pour la défenſe
de l'Evangile & de l'Egliſe ?

P L A I D O Y E'.

Le droit acquis au Roy par le Concor-
dat....... doit d'antant moins recevoir
de changement & d'atteinte, &c.

R E F L E X I O N.

Si le Roy prétend ôter au Pape le
droit que le Concordat même luy
donne de conferer les Evêchez & les
Abbayes à ceux que le Roy a nommez , & qui ont les qualitez neceſſaires pour les gouverner, il faut abolir
ce Concordat par lequel, ſelon l'aveu
même

même de M. Talon, le Roy a acquis le droit de nomination ; & rétablir la Pragmatique, c'est-à-dire, les Elections selon le droit commun. Quant au Pape il est si desinteressé qu'il ne s'éloigne pas de consentir qu'on abolisse ce Concordat, & de renoncer aux avantages que la Chambre Apostolique en retire, si on veut rétablir en France l'ancienne discipline.

Mais M. Talon voudroit que le Concordat subsistât à l'égard de ce qu'on y accorde au Roy, & qu'on y derogeât seulement à l'égard de ce qui est avantageux au Pape. Mais qui ne voit que cela seroit contre toute justice,& contre la nature des Concordats, qui estant des Conventions reciproques, ne peuvent subsister qu'autant que ces Conventions sont reciproquement observées.

PLAIDOYÉ.

Chose étrange ! que le Pape, dont le
prin-

*principal soin doit estre de conserver la
pureté de la foy, & d'empécher le progrez des opinions nouvelles, n'a pas cessé
depuis qu'il est assis sur la Chaire de
S. Pierre. d'entretenir commerce avec
tous ceux qui s'estoient declarez publi-
quement disciples de Jansenius, dont ses
prédecesseurs ont condamné la doctrine:
il les a comblez de ses graces, il a fait
leurs éloges, s'il s'est declaré leur protecteur, &c.*

REFLEXION.

Il n'est nullement étrange que le Pape, dont le principal soin doit estre de
conserver la pureté de la foy & des
mœurs, n'ait pas cessé depuis qu'il est
assis sur la Chaire de S. Pierre, d'entretenir commerce avec des Evéques &
des Docteurs, que les Jesuites avec
leurs partisans tachent de décrier sous
le nom de Jansenistes; mais en qui il
n'a reconnu qu'un fort attachement à
la doctrine de S. Augustin que ses
Pré-

I Prédeceſſeurs ont declaré eſtre celle de l'Egliſe Romaine touchant la Grace; une parfaite ſoûmiſſion aux jugemens de l'Egliſe, & un zele Chrêtien pour la morale de l'Evangile. Il n'eſt pas étrange, qu'il les ait comblez de ſes graces, qu'il ait fait leurs éloges, & qu'il s'en ſoit declaré le protecteur, ſçachant que tout leur crime eſt de combattre les erreurs & les maximes relachez de ceux qui ont ſçû ſurprendre la religion de Sa Majeſté, & l'engager à les perſecuter. Si Sa Sainteté a écrit des Brefs à feu Mrs. les Evêques d'Aleth & de Pamiers, & s'il a fait écrire de ſa part à M. Arnaud; c'eſt qu'elle a connu que leur foy eſtoit pure & leur ſoûmiſſion ſincere; & qu'ils ont défendu avec autant de lumiere que de vigueur les veritez Chreſtiennes & les droits de l'Egliſe.

Mais il eſt étrange qu'un Avocat Talon oſe violer en preſence de la Cour,

Cour, les ordres du Roy, en traitant de *faction dangereuse* & de *cabále* des Evêques & des Theologiens, que Sa Majesté, mieux informée, a reconnu elle-même estre tres-Catholiques, lorsque se conformant aux Brefs du Pape Clement IX. elle rendit la paix aux Eglises de son Royaume, que les seuls ennemis de la Grace de JESUS-CHRIST avoient troublées.

F I N.

9 782329 675855